LA REUNION DES LANGUES, OU L'ART DE LES APPRENDRE TOUTES PAR UNE SEULE.

Par le P. BESNIER, de la Compagnie de JESUS.

A PARIS,
Chez SEBASTIEN MABRE-CRAMOISY, Imprimeur du Roy, ruë Saint Jacques, aux Cicognes.

M. DC. LXXIV.

AVEC PRIVILEGE DE SA MAJESTÉ.

LA REUNION DES LANGUES, OU L'ART DE LES APPRENDRE TOUTES PAR UNE SEULE.

COMME la connoiſſance des Langues étrangéres, n'eſt pas de ces curioſitez vaines & ſteriles, qui ne ſervent à l'eſprit, que d'une eſpéce d'amuſement ; mais qu'elle eſt en effet d'un fort grand uſage pour mille fins differentes : on ne doit pas trouver étrange ſi noſtre ſiécle, qui juge ſi ſainement du prix des choſes, témoigne plus de paſſion, que jamais, pour cette ſorte de ſcience, malgré toutes les difficultez qui s'y rencontrent.

Je ne crois donc pas qu'on puiſſe gueres rendre plus de ſervice au public, que d'inventer un moyen ſeûr & facile, pour apprendre toutes les Langues, en éclairciſſant un ſujet, que les Savans n'ont fait qu'embrouïller juſques à present, ou par une pure impuissance de pouvoir démêler une matiére si embarassée, ou peut-estre pour s'attirer l'admiration du vulgaire, qui ne s'enteste ordinairement, que de ce qu'il ne comprend pas.

C'est la pensée qui m'a insensiblement engagé dans le dessein de travailler sérieusement à la REUNION DES LANGUES, qui depuis la confusion de Babel, a toûjours esté regardée des Doctes comme une affaire chimerique; faute d'une personne assez entreprenante, pour s'y embarquer, & assez heureuse, pour y réüssir.

Ce dessein seul estant capable d'irriter la critique des Savans, je suis bien-aise d'exposer au public, le projet & le plan que j'en ay formé, avant que d'abandonner entiérement l'ouvrage à sa censure : afin de m'éclaircir d'abord de tout ce que l'on y pourroit trouver à redire, & profiter des lumiéres des personnes habiles & intelligentes, si elles ont assez de zele pour les vouloir rendre utiles à tout le monde, en me les communiquant.

DESSEIN DE L'OUVRAGE.

LA plusſpart des hommes eſtant prévenus, comme ils ſont, de deux faux préjugez ſur la nature des Langues; l'un, qu'elles n'ont pas toutes du rapport, ni de la liaiſon entre elles; l'autre, qu'elles dépendent uniquement de l'inconſtance du hazard, & des bizarreries de l'uſage : il ne faut pas trop s'étonner, ſi l'on a prétendu réüſſir dans l'étude des Langues par un pur effort de mémoire, ſans que ni la vivacité de l'imagination, ni la force du raiſonnement y euſſent aucune part.

Comme je ne ſuis pas bien perſuadé de la juſteſſe de cette methode, je fais rouller tout le deſſein de mon Ouvrage ſur ces deux Propoſitions, qui la combattent directement.

I. Les Langues ont en effet de la LIAISON; on peut donc les apprendre, en les COMPARANT.

II. Les Langues ſont véritablement fondées ſur la RAISON; il faut donc RAISONNER, en les comparant.

C'eſt ſur ces deux fondemens que je prétends établir la véritable maniére d'apprendre les Langues, en faiſant voir par une expérience, qui ſera ſenſible à tout le monde, que l'eſprit peut faire auſſi-bien ſes réflexions ſur les paroles, que ſur les choſes meſmes qu'elles repreſentent.

Comme l'Imagination & la Raiſon ſont les deux Facultez capables de ſe refléchir ſur les objets, elles auront l'une & l'autre de-quoy s'occuper dans cét Ouvrage, conformément à leur nature. L'Imagination y conſiderera les Rapports que les Langues ont entre elles, & en fera une comparaiſon juſte; la Raiſon réduira tout à des Principes certains, ſur leſquels tous ſes Raiſonnemens ſeront établis.

PREMIE'RE PARTIE
DU DESSEIN.

La maniére de comparer les Langues.

POUR faciliter les efforts de l'Imagination, je fournis des moyens aſſez naturels, par leſquels, au-lieu de conſiderer les Langues préciſément en elles-meſmes, comme on a fait juſques à preſent; on pourra les comparer ſans peine les unes avec les autres, & en les comparant, trouver auſſitôt leurs rapports, leur dépendance, & leur liaiſon mutuelle, ſoit pour la reſſemblance des paroles, ſoit pour la proportion des tours, & la conformité des expreſſions.

Il eſt bien vray que cette liaiſon eſt un peu cachée pour toutes ces maniéres d'eſprits, qui s'arreſtent à l'écorce & à la premiére ſuperficie des Langues, ſans penétrer plus avant; mais auſſi elle ſe preſente & ſe découvre d'abord à ceux qui ont receû de la nature une diſpoſition heureuſe pour ces ſortes de connoiſſances.

Il en eſt à peu prés comme de ces démonſtrations Paradoxes, que la Géométrie nous propoſe, ſur les rapports & les proportions des figures. Tout y choque d'abord, & y paroît ſi peu vray-ſemblable, que les gens qui ne ſont pas du meſtier, jureroient bien que ce ſont des réveries de melancholique. Néanmoins un habile Géométre commençant par des notions tres-ſimples & tres-naturelles, conduit l'eſprit pas à pas, luy découvre inſenſiblement la verité, & la luy fait paroiſtre tout d'un coup dans un certain jour, auquel on ne s'attendoit pas, & qui fait un effet ſi prompt, qu'on voit évidemment ce qui n'avoit pas même l'apparence de la verité.

Ne ſachant pas d'autre methode que celle-cy, qui ſoit propre pour faire de nouvelles découvertes dans les Sciences, j'ay tâché de m'en ſervir autant que ma matiére en peut eſtre capable. Puis donc qu'entre les rapports des Langues, il y en a de ſi évidents, qu'ils ſautent d'abord aux yeux, & frapent le peuple même; j'ay tellement meſnagé mes réflexions, qu'en regardant ces premiers rapports comme des modeles, je puſſe monter par degrez à la connoiſſance des autres, qui pour eſtre ſecrets, & quelquefois un peu éloignez, n'en ſont pour cela ni moins aſſeûrez, ni moins réels; comme les concluſions ſubalternes des Sciences ne ſont pas moins veritables, pour n'eſtre pas tout-à-fait ſi proches de leur premier principe.

C'eſt ainſi qu'une Langue, qui nous ſera déja connuë, ou par art, ou par uſage, nous pourra ſervir d'entrée à la connoiſſance de toutes celles qui nous ſont inconnuës; & que leur affinité remédiera à l'infidélité de la mémoire, en les fixant, & les attachant les unes aux autres.

MAIS afin que cette comparaiſon ſe faſſe avec moins d'embaras, le principal de mes ſoins a eſté de choiſir une Langue, qui nous puſt ſervir de regle, de meſure, & de principe, pour les accorder, & les réünir toutes enſemble. Car de les vouloir comparer toutes immediatement les unes aux autres, comme quelques-uns prétendent qu'il faudroit faire; c'eſt aimer la confuſion dans la choſe du monde qui demande le plus d'ordre.

I. Quelle eſt la Langue à laquelle il faut réduire toutes les autres.

La venération que j'ai toûjous eûë pour l'antiquité penſa m'engager d'abord à prendre la réſolution de les réduire toutes à l'Hébraïque, comme étant, au-moins de noſtre connoiſſance, la premiére, la plus noble, & la plus naturelle Langue du monde, de laquelle toutes les autres tirent en effet leur origine. Mais je ne fus pas long-temps ſans faire réflexion, que c'eût eſté renverſer directement les premiers principes de ma Methode, que d'enſeigner des Langues inconnuës, par celle qui nous eſt la moins connuë de toutes. L'inclination, que je dois raiſonnablement avoir pour ma patrie, me perſuadoit preſque de m'attacher uniquement au François, &

d'en faire le premier fondement de cette réduction universelle. Mais aprés tout, le reste de l'Europe, que je ne dois pas tout-à-fait mépriser, n'eût pas beaucoup plus approuvé ce dessein, que nous approuverions en France celuy d'un Allemand, qui réduiroit toutes les Langues à la sienne.

L'unique parti qui me restoit à prendre, étoit de me retrancher dans la Langue Latine, dans laquelle je rencontrois heureusement toutes les conditions necessaires, pour travailler facilement à ce nouvel accord.

En effet, Aristote mesme, l'esprit le plus exact qui ait jamais esté, pour faire une regle & une mesure parfaite, ne demande absolument que trois qualitez, l'universalité, la certitude, & la proportion ; c'est à dire, qu'elle soit generalement connuë de tous ceux qui s'en doivent servir en qualité de mesure; qu'elle soit fixe, & déterminée en elle-mesme; & enfin qu'elle soit proportionnée aux choses qu'elle doit mesurer : & ces trois qualitez conviennent toutes avec tant d'avantage à la Langue Latine, & d'une maniére qui luy est si propre, qu'on ne peut pas les attribuer aux autres sans quelque espéce d'injustice.

La

La pluſpart des autres Langues ſont reſſerrées dans les bornes d'un Païs, ou d'un Royaume particulier : la Latine n'a pas ce deſavantage ; c'eſt, à proprement parler, la Langue de l'Europe ; les Sciences & la Religion luy ont donné plus d'étenduë, que ne luy en donnerent jamais toutes les Conqueſtes des Romains. C'eſt preſque la Langue vulgaire du Nort ; & elle eſt par tout univerſellement connuë des Savans & des Gens de qualité, qui ſont pour l'ordinaire les ſeules perſonnes, qui ayent beſoin du ſecours des Langues étrangéres.

Elle n'a pas non plus une autre imperfection des Langues vulgaires, qui eſtant de leur nature ſujettes au changement, ne peuvent pas conſequemment nous ſervir d'une regle certaine & déterminée pour tous les ſiécles. Si elle eſt encore vivante par l'étenduë de ſon uſage, elle a les avantages des Langues mortes, étant fixe & arreſtée par un uſage conſtant & déterminé ; & ſi ſon univerſalité la rend utile par tout, ſon immutabilité fait qu'elle pourra toûjours ſervir.

Pour ce qui eſt de la Proportion, la Langue Latine tient en quelque façon le milieu entre les Langues anciennes, & les modernes : elle n'eſt ni ſi pure que les premiéres, ni ſi corrompuë que les ſecondes : ainſi il eſt également facile de l'appliquer aux unes & aux autres ; & meſme je puis dire que c'eſt infiniment le plus court, puiſqu'il y a moins de détours à prendre, pour paſſer du milieu aux extrémitez, ou des extrémitez au milieu, que pour faire tout le chemin d'une extrémité à l'autre. Ce ſeroit néanmoins un inconvenient ſans reſſource, ſi l'on entreprenoit de réduire toutes les Langues, ou à la plus ancienne, ou à quelqu'une des plus nouvelles : puiſqu'en effet les anciennes n'ont d'union avec les modernes, qu'autant qu'elles en ont avec celles du moyen âge, qui ont eſté comme les canaux, par leſquels l'antiquité eſt venuë juſques à nous.

D'ailleurs, la Langue Latine réünit heureuſement les Langues Orientales & les Occidentales. Comme elle doit uniquement ſa naiſſance aux Orientales, les Occidentales luy doivent la leur. Il n'eſt donc pas plus difficile d'apprendre les unes, en remontant du ruiſſeau à la ſource, que d'apprendre les autres, en deſcendant de la ſource au ruiſſeau : à peu-prés comme dans la nature nous connoiſſons auſſi-bien l'effet par ſa cauſe, que la cauſe par ſon effet. En un mot, pour accorder tous les differends qui pourroient naiſtre ſur la Primauté des Langues, je conſidére la Latine ſous trois divers regards; comme la fille des Langues du Levant, comme la mere de celles d'Occident, & comme la ſœur des Langues du Septentrion.

Comme elle eſt extrémement riche, & tout-à-fait abondante, ayant eſté cultivée depuis plus de trois mille ans par une infinité de Nations differentes, dont les dépouïlles l'ont enrichie, elle peut avoir une infinité de rapports, ſous leſquels on la peut comparer avec moins de peine à toutes les autres. Car enfin je ne prétends pas tout réduire au Langage le plus pur & le plus poli. La Barbarie des premiers Romains me rendra d'auſſi bons ſervices, que l'élegance & la politeſſe de Ciceron. La Latinité du bas Empire, depuis les irruptions des Peuples du Nort, ſe peut mettre en œuvre avec autant de ſuccés, que la Langue du ſiécle d'Auguſte. Je dis la même choſe du Langage des Sciences, qui fait preſque une Langue differente de celle du vulgaire. Les termes propres de la Philoſophie, de l'Hiſtoire naturelle, & des myſtéres de la Théologie; ceux de la Medecine, des Mathematiques, des Arts, des Loix, & du Barreau; les noms mêmes des Perſonnes illuſtres, des Peuples, & des lieux célebres, dont l'Hiſtoire nous fournit quelque raiſon plauſible, ne me ſeront pas d'un moindre ſecours dans le beſoin, que les noms des choſes les plus communes.

II. *Quelles Langues il faut réduire.*

APRE'S avoir fait ce choix de la Langue, qui doit ſervir à la réünion des autres, il a fallu en faire un ſecond, qui n'eſt pas de moindre conſequence pour la methode, & me déterminer ſur le nombre des Langues que je pourrois raiſonnablement entreprendre de réünir.

Quoy-qu'il n'y en ait aucune, dont la connoiſſance ne puiſſe eſtre de quelque uſage, j'ay eſté obligé néanmoins de donner quelques bornes à un deſſein, qui n'en ayant point de luy-même, me conduiroit à l'infini. Car outre que je n'ay pas aſſez d'étenduë d'eſprit & de memoire, pour les pouvoir poſſeder toutes, il faut avoüer, qu'il s'en trouve quelques-unes, qui n'engagent pas extrémement le monde. Le Baſque, ce me ſemble, ni le Bas-Breton, ne ſont pas pour inquiéter fort perſonne; & je ne crois pas qu'il y ait beaucoup plus de gens qui s'y interessent, qu'au Finlandois, au Frison, & au Jargon des Negres & des Sauvages.

Ainsi, dans le choix qu'il en falloit faire, je n'ay pû me dispenser de donner la préférence à celles qui sont les plus illustres. J'ay fait en cela, à peu-prés, si je l'ose dire, comme un Prince, qui ayant formé le dessein de réünir toutes les Nations du monde sous la mesme Monarchie, commenceroit ses Conquestes par les Nations les plus fameuses & les plus fiéres, dans la pensée que le reste ne seroit pas en suite capable de luy tenir teste.

Comme je ne suis pas d'humeur à rien faire sans raison, ni à me donner de la peine par caprice, pour satisfaire purement ma curiosité : la Religion, l'Estat, & les Sciences, sont les trois grandes Regles qui m'ont servi à juger quelles Langues sont en effet les plus importantes & les plus nobles.

Je n'ay donc mis dans ce nombre, que celles dont l'Europe peut tirer de plus signalez avantages, ou pour la défense de l'Eglise, ou pour le bien des Estats, ou pour l'accroissement des Sciences, & la perfection des beaux Arts.

C'eſt pour cela que je fais entrer dans mon Ouvrage toutes les Langues de Religion : c'eſt ainſi que je nomme celles, qui nous fourniſſant les Textes originaux, & les Traductions les plus authentiques de l'Ecriture, nous peuvent eſtre d'un grand uſage, pour l'interprétation fidelle des Saintes Lettres, & la confirmation des Dogmes de noſtre Foi.

Il a fallu en ſuite y placer les Langues d'Eſtat & de Politique, c'eſt à dire, celles des Empires, des Royaumes celébres, & des Peuples les plus guerriers, leſquelles peuvent entretenir la communication mutuelle de toutes les Nations, & eſtre fort utiles pour le manîment des affaires étrangéres, les Negotiations importantes, les Ambaſſades, la Guerre, le Commerce, & les Voyages.

Mais ſur tout, j'ay eſté obligé d'y mettre les Langues de Science & d'Eſprit, qui ont eſté juſques à preſent cultivées par les Nations les plus ſpirituelles, les plus polies, les plus ſavantes, & les plus fécondes en beaux ouvrages.

Je ne crois pas aprés cela qu'on veuïlle me faire un procés, de ce que je me ſuis contenté d'en choiſir ſeulement vingt-quatre, pour les accorder avec la Latine : car enfin il ſeroit aſſez difficile d'en trouver quelqu'autre, qui méritaſt l'application des Curieux.

Quoy-que ces vingt-quatre Langues ſoient véritablement dérivées de la même ſource, puis qu'on auroit un peu de peine à produire rien d'aſſez fort pour convaincre un eſprit raiſonnable, qu'il y ait en effet au monde plus d'une Langue mere, à parler dans la rigueur ; pour éviter néanmoins la confuſion, je les diſtribuë toutes en ſept ordres differents, ſelon qu'elles ont un rapport plus immédiat aux ſept Langues que l'on ſuppoſe communément eſtre originales.

Ces Matrices, dans la penſée des Savans, ſont la Romaine & la Grecque ; la Teutonne & l'Eſclavonne ; l'Hébraïque, la Scythique, & la Perſane.

La Romaine aura pour ſes Idiomes, l'Italien, l'Eſpagnol, & le François, qu'on ne peut pas ignorer maintenant ſans quelque ſorte de honte. J'y joindray meſme le Portugais, car encore qu'il ne ſoit pas fort éloigné du Caſtillan, il a néanmoins ſes beautez particuliéres ; & les conqueſtes des Roys de Portugal l'ont rendu neceſſaire juſques dans les païs les plus éloignez.

Je réduis à la Grecque ses trois principales dépendances, sçavoir le Grec litteral, comme nous l'avons dans les ouvrages des Anciens; le Grec vulgaire, comme il se parle depuis la décadence de l'Empire de Constantinople; & le Cophte ou l'Egyptien, qui est un reste du fameux Regne des Ptolomées dans l'Egypte. Car quoy-que cét idiome ait encore quelque chose d'original, soit pour les mots qui tiennent un peu de l'ancienne Langue des Pharaons, soit pour l'infléxion qui n'a rien de semblable à la Grecque; on peut dire néanmoins, que l'Empire d'Alexandre & de ses successeurs l'a tellement mêlé, que le Grec a presque pris le dessus, & absorbe en quelque maniére ces pitoyables restes de l'antiquité.

Je comprends sous la Teutonne, l'Allemand, le Flamand ou le Hollandois, l'Anglois, le Danois même, qui s'étend jusques dans les derniéres extrémitez du Nort, & qui nous peut donner plus de lumiére que les autres, ayant conservé tres-soigneusement les vestiges du vieux langage.

L'Esclavonne est accompagnée de ses trois idiomes les plus considérables, du véritable Esclavon, du Polonois, & du Moscovite, ausquels aufquels la valeur des Nations qui les parlent, a fait plus de réputation que leurs Ouvrages, ou d'efprit, ou de fcience.

L'Hébraïque en a fept à fa fuite; le pur Hébreu, tel qu'il nous refte dans la Bible; le Langage des Rabbins & des Talmudiftes; le Chaldaïque, le Syriaque, l'Ethiopien ou l'Abyffin, le Samaritain, & l'Arabe, qui a maintenant tant d'étenduë, qu'il fe parle, ou s'entend dans les trois parties de l'ancien monde, l'Afie, l'Afrique & l'Europe : Auffi cette derniére Langue a-t-elle produit toute feule, un fi prodigieux nombre de livres, qu'on a de la peine à fe perfuader, qu'une Nation fi belliqueufe ait pû cultiver les Lettres avec tant d'application.

La Scythique eft fuivie de fes deux plus illuftres dialectes, le Turc & le petit Tartare, qui pourront l'un & l'autre nous donner dans la fuite une plus grande ouverture pour le refte des Langues, qui font ufitées parmy les Nations de l'Afie Septentrionale.

Je finis par la Perfane, qui n'a pas feulement cours dans l'Empire du Sophy, mais qui eft de plus en ufage à la Cour du Grand Seigneur, & dans celle du Grand Mogol, où elle eft extrêmement eftimée.

III. *Comment on les doit réduire.*

COMME la comparaiſon de toutes ces Langues ſeroit de peu d'uſage, ſi les moins habiles meſmes n'eſtoient capables d'en juger, puis que c'eſt principalement pour eux que je travaille ; j'ay crû pour cela qu'il eſtoit neceſſaire de retrancher entiérement du corps de mon Ouvrage cette étrange diverſité de caractéres, dont les figures bizarres & fantaſques révoltent ſi fort l'imagination des perſonnes qui n'y ſont pas encore faites.

C'eſt pourquoy, ſans m'arreſter à la vaine oſtentation de certains Auteurs qui affectent cette ſorte d'écriture, juſqu'à en faire un des principaux myſtéres de leur ſcience ; j'ay trouvé le moyen d'exprimer avec art tous les ſons des caractéres de chaque Langue, par les ſeuls caractéres Romains, d'une maniére auſſi ſimple, & auſſi dégagée, qu'elle eſt éxacte & nouvelle ; afin que les rapports des mots, qui eſtoient cachez ſous ces figures étrangéres, comme ſous un voile qui les déroboit aux yeux des moins éclairez, paroiſſent auſſi-tôt à découvert, n'y ayant plus rien qui nous empêche de les conſiderer de prés.

Cela n'empêchera pas néanmoins que je ne donne l'art de déchifrer ſans peine toutes ces ſortes d'écritures, & de les fixer dans l'imagination d'une maniére ſi diſtincte, qu'on ne puiſſe pas les confondre.

APRE'S avoir levé ce premier obſtacle, qui a mis tant d'embaras & de confuſion dans les Langues ; pour les réduire en ſuite plus aiſément à leur principe, je tâche de tenir à-peu-prés la meſme route, qu'elles ont tenuë pour s'en éloigner, autant que me le peut apprendre l'Hiſtoire de l'antiquité, ſur laquelle je fonde principalement les preuves les plus invincibles de la verité de cét art. Car je ne crois pas que les plus Critiques puiſſent trouver mauvais que j'établiſſe l'origine & l'affinité des Langues, ſur les meſmes fondemens, ſur leſquels nous établiſſons les origines & les alliances des Peuples, qui ne paſſent jamais d'un Païs dans un autre, ſans y porter leur Langue avec leurs Armes, & leurs Coûtumes.

Comme on n'a jamais diſputé aux Sçavans le droit qu'ils ont de ſe ſervir de l'affinité des Langues, qui leur eſt quelquefois plus connuë, pour découvrir l'origine des Peuples qui leur eſt inconnuë ; j'eſpére auſſi qu'on ſouffrira bien que je me ſerve de l'origine &

des Colonies des Peuples, pour éclaircir l'origine & la connexion des Langues; puis qu'il doit y avoir autant de rapport entre les Langues, qu'il s'en trouve à proportion entre les Peuples. Ainsi, par exemple, pour démontrer l'opinion de Denys d'Halicarnasse & de Quintilien, qui prétendent l'un & l'autre que la Langue Latine n'est presque qu'un idiome de l'ancien Grec; il n'y a simplement qu'à expliquer toutes les Peuplades d'Italie, qui ne s'est presque veûë habitée tres-long-temps, que par des Colonies Grecques.

De quelque autre maniére qu'on s'y prenne, quelque agréable & surprenante que puisse estre cette maniére nouvelle; comme ce ne sera jamais qu'une idée chimerique, & sans fonds; aussi n'engagera-t-elle pas fort le monde, qui ne prend pas plaisir à se défaire de ses anciens préjugez, si l'on ne sait adroitement le convaincre & par ses propres lumiéres, & par des preuves aussi peu suspectes, que le sont celles que je prétends tirer de l'Histoire des Colonies.

Mais comme il est impossible que les Langues ne s'alterent & ne se mêlent, dans cette union & ce mélange des peuples de differentes Colonies; aussi ne faut-il pas croire qu'elles ſe ſoient alterées tout d'un coup. Il en va des mots comme des voyageurs, qui ne ſe défont pas de leurs maniéres étrangéres, dés auſſi-tôt qu'ils entrent dans un autre Royaume : ils ne s'y naturaliſent qu'avec le temps, & ne prennent que peu à peu l'air, l'humeur, & les qualitez des perſonnes avec leſquelles ils converſent.

Puis donc que la corruption des Langues ne s'eſt faite qu'inſenſiblement, & peu à peu; il ne faut, pour la découvrir ſeûrement, que remonter par degrez, juſques à la prémiére ſource de leurs differences: prenant bien garde à ne point faire de fauſſe démarche, qui puiſſe conduire un peu trop loin, & engager dans un mauvais pas, d'où l'on auroit de la peine à ſe retirer. C'eſt là l'unique moyen que j'aye trouvé, de répandre un certain air de vrayſemblance ſur tout ce qui regarde cette matiére, qui n'a de probabilité qu'autant qu'on luy en donne, en la mênageant ſi bien, qu'on n'aille jamais d'une extrémité à l'autre, ſans paſſer par le milieu, qui a eſté comme le lien de ces deux extrémitez. Car c'eſt de cét enchaînement de mots, & de cette ſuite d'alterations, que dépend principalement toute la juſteſſe & toute la vrayſemblance de ma méthode.

En effet, quoy-qu'on ne puiſſe pas douter que noſtre Langue ne ſoit une corruption de la Latine; j'aurois néanmoins un peu de peine à me perſuader que *déchoir* puſt venir du *cadere* des Latins, ſi je ne ſavois toutes les maniéres dont il a paſſé par l'alambic.

Ceux qui corrompirent les premiers la Langue des Romains, dirent d'abord *cader*, pour *cadere*, comme le diſent encore aujourd'huy les Italiens, qui retranchent tres-ſouvent les voyelles finales, quand elles ſe rencontrent aprés les liquides. Ceux qui ſuivirent, encherirent par-deſſus les premiers, & de *cader* formerent *caer*, comme le forment maintenant les Eſpagnols, par le retranchement du *d*, qui leur eſt aſſez ordinaire, quand cette conſone ſe trouve au milieu des mots. Il y en eût d'autres plus bruſques, qui dirent *câr* ou *kêr*, par la contraction de deux voyelles en une, comme l'ont conſervé nos Païſans, & les Picards, qui tiennent beaucoup de l'antiquité; car c'eſt ainſi que parloient nos anciens François, qui racourciſſoient les mots autant qu'il leur eſtoit poſſible, pour former une Langue auſſi libre que l'eſt leur humeur.

Nos Ancêtres, au lieu de *kêr*, prononcerent *cher*, changeant une lettre trop ferme, dans une autre plus douce, comme il se trouve dans les vieux Romans qui nous restent; & nous enfin, par le changement d'une voyelle dans une diphthongue, de *cher*, nous avons formé *choir*, qui commence à n'estre plus à la mode, quoy-que son composé *déchoir*, soit encore du bel usage.

Ainsi *cadere*, *cader*, *caer*, *câr*, *kêr*, *cher*, *choir*, & *déchoir*, font une chaîne assez parfaite, mais qui ne pourroit estre que fort défectueuse, si nous avions perdu par malheur quelqu'un de ses chaînons.

C'est pour cette raison que quoy-que je considére chaque Langue dans sa plus haute perfection; afin néanmoins d'éclaircir son origine, en rendant cette chaîne de mots plus sensible & plus palpable, j'ay esté obligé de faire mille réflexions sur les restes du vieux Langage, sur l'ancienne orthographe, par laquelle on découvre mieux tous les changemens qui se sont faits dans la prononciation, & enfin sur les differens patois des Provinces de chaque Empire, qui parlent la mesme Langue, mais chacune à sa mode.

Puis qu'il eſt tres-vray, que le Langage le plus poli, eſt bien ſouvent le moins pur, & le plus corrompu, ſi l'on en juge, comme on en doit juger, par ſon origine, qui eſt l'unique & la veritable regle. C'eſt pour cela que le Provençal, le Gaſcon, le Languedochien, le Picard, & ce que nous appellons le vieux Gaulois, eſt infiniment moins alteré, & moins éloigné de ſa ſource, que le Langage de la Cour & du beau monde, qui prend plaiſir de s'éloigner du Latin. Le Lombard, & le Napolitain, ſont la plûpart du temps moins corrompus, que le Siénois, & le Florentin: quoy-qu'en diſent les Eſpagnols, le Catelan, & l'Arragonnois, eſt ſouvent plus pur que leur Caſtillan le plus pompeux: & pour ne nous épargner pas plus que les Eſpagnols, ſi nous pouvons nous glorifier avec raiſon d'avoir maintenant la Langue du monde la plus polie; nos voiſins peuvent nous reprocher avec juſtice, que de toutes les dialectes du Latin, il n'y en a gueres de plus corrompuë: car comme elle ne s'eſt polie qu'en s'adouciſſant, elle n'a pû s'adoucir ſans une étrange corruption. Ainſi le *capo* des Italiens, le *cabo* des Eſpagnols, le *cap* de nos ancêtres, & le *kef* des

Picards, ſont alterez differemment, du *caput* des Latins; mais il n'y en a pas qui le ſoit tant que le *chef* de nos François, qui reconnoiſt néanmoins la meſme origine.

CE n'eſt pas tout: comme la reſſemblance & la connexité des Langues n'eſt pas par tout la meſme, mais qu'elle ſuit le plus ou le moins de communication des Nations qui les parlent; il ne faut pas auſſi que la methode ſoit invariable; il faut qu'elle change ſelon les ſujets, & qu'elle s'accommode à la diverſité des Langues.

Il y a bien plus d'artifice à réduire celles qui n'ont du rapport que pour les mots; & il en faut beaucoup moins pour la réduction de celles qui ajoûtent à la convenance des paroles, l'analogie de l'infléxion.

Et puis, les mots meſmes qui ont du rapport, en peuvent avoir en bien des maniéres: ils ne ſont pas tous, s'il m'eſt permis de parler ainſi, ny parens, ny alliez dans le meſme degré; leur alliance eſt tantoſt plus proche, & tantoſt plus éloignée; car il faut entiérement raiſonner de la genéalogie des mots comme des degrez de conſanguinité: Si les uns ſont rangez dans la meſme ligne, ou directe, ou collaterale ; les autres biaisent un peu, & ne se répondent pas tout-à-fait de droit fil. Quelques uns sont alliez dans les premiers degrez, les autres dans les derniers; les uns en remontant des branches à la souche, les autres en descendant de la souche aux diverses branches : En un mot le rapport des Langues n'est ny toûjours immédiat, ny par tout directement opposé.

Je dis mesme davantage : comme il y en a quelquefois qui sont alliées de deux ou trois costez, & qui depuis la premiére division ont contracté de nouvelles & de plus étroites alliances; j'avouë aussi qu'il y en a quelques-unes qui se contentent de la premiére alliance, & qui n'ont presque de rapport entre elles, qu'à cause de l'union & de la liaison commune qu'elles ont avec leur premier principe, qui n'est en effet autre chose que cette Langue Mere si fameuse, dont quelques personnes font tant de mystére, sans entendre bien ce qu'ils disent.

Car si elle a autrefois subsisté en elle-mesme devant la premiére confusion des Langues, il n'en faut plus raisonner de la mesme maniére, ny se mettre l'esprit à la gesne, pour la retrouver encore au monde : ce n'est plus maintenant, comme quelques-uns ſe l'imaginent ſans beaucoup de fondement, une Langue particuliére & diſtinguée des autres : de-ſorte qu'il n'y a plus qu'un moyen de la retrouver, & de la rétablir au-moins autant qu'il eſt neceſſaire pour la parfaite exécution de mon deſſein : C'eſt de faire un choix judicieux de tout ce qu'il y a de primitif, & de plus ſimple dans ce qui nous reſte de Langues ; ſoit qu'on y conſidére les premiéres combinaiſons des ſons ; ſoit qu'on y regarde les premiéres idées de l'eſprit, que l'on a attachées à ces premiers ſons : afin qu'on y puiſſe rapporter en ſuite tous les mots eſſentiels & fondamentaux de chaque Langue, comme à la premiére ſource ; qui s'étant entiérement tarie, ne ſubſiſte plus que dans ſes divers ruiſſeaux, leſquels prennent le nom de Langues originales, pour eſtre coulez immédiatement de cette grande ſource, où les premiers Peuples ont tous puiſé. Ainſi, l'on peut dire avec verité de cette Langue Mere, qu'elle n'eſt nulle part, parce qu'elle eſt en effet par tout, ou dans quelques-unes de ſes parties, ou dans ſes effets & ſes dépendances ; à-peu-prés, comme les vertus élementaires, & les premiéres ſemences des chofes, ne fubfiftent dans la nature, que par les mixtes qu'elles compofent.

On s'étonnera peut-eftre, de ce que pouvant abfolument tout réduire par cette voie feule, je n'y ay cependant mon recours que quand tous les autres moyens me manquent. Mais aprés tout, quoy-que cette méthode foit peut-eftre plus ingénieufe, & d'une plus profonde fpéculation, ce n'eft pas toûjours la plus courte, la plus naturelle, & la moins embaraffante, qui doit eftre néanmoins la plus fpirituelle, à mon égard, parce que c'eft en effet la meilleure pour mon deffein. Car enfin, pourquoy prendre des voies obliques & écartées pour arriver à fon but, quand on peut y aller en droiture?

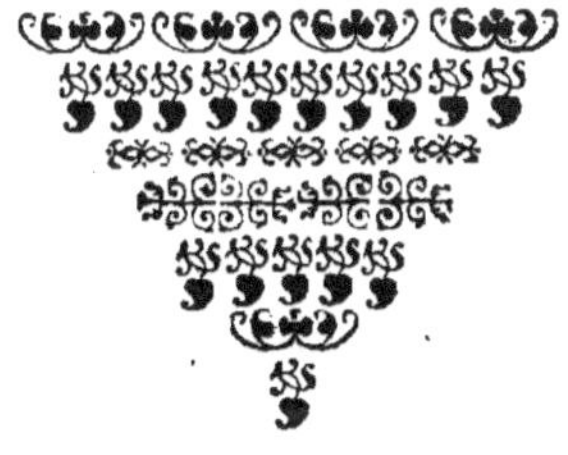

SECONDE PARTIE DU DESSEIN.

La manière de raisonner sur les Langues.

LA comparaison seule, quoy-qu'en disent quelques-uns, ne peut pas suffire pour la perfection de cét Ouvrage. Quelque juste & quelque exacte qu'elle fust, si elle n'étoit soûtenuë du raisonnement, on auroit sujet de croire qu'elle seroit plus heureuse que solide, & on pourroit en attribuer la justesse à quelqu'un de ces hazards extraordinaires, qui produisent quelquefois des effets surprenans.

D'ailleurs, quoy-que la vivacité & la force de l'imagination penétre aisément tous les rapports des Langues, & se les imprime fortement; elle ne donne point la certitude, & n'oste pas la confusion. Il n'y a que la raison qui affermisse nostre esprit dans ses connoissances, & qui mette de l'ordre dans ses idées. C'est à elle de lier ces rapports les uns aux autres, & de les unir ensemble, selon la connéxion naturelle qu'ils ont tous avec les mêmes Principes, dont ils dépendent en commun.

Le grand point eſt que ces Principes ſoient plauſibles & raiſonnables, & qu'on y puiſſe fonder ſes raiſonnemens, ſans rien craindre. C'eſt ce qu'ont de ſingulier tous les Principes de cét Art, qui ſont, à mon ſens, infiniment plus ſenſibles & plus naturels, que ne le ſont pour l'ordinaire ceux que la Philoſophie nous propoſe comme des veritez inconteſtables. Auſſi les ay-je tous tirez de la nature meſme du ſujet ſur lequel je travaille, c'eſt-à-dire, des biais & des regards differens ſous leſquels on peut conſiderer la parole.

On ſera par-là convaincu enfin, comme j'oſe me le promettre, que le hazard n'a pas tout l'empire, ny tout le droit qu'on luy donne ſur les Langues; & qu'on trouve, ſans beaucoup ſe tourmenter, dans les Langues meſmes, des raiſons ſolides & veritables, de tout ce qui y paroiſt n'en avoir point, & n'eſtre qu'un pur effet du caprice. On verra par les effets meſmes, qu'on s'en peut faire une ſcience auſſi démonſtrative, & auſſi ſuivie, que le ſont celles qui paſſent pour des modeles accomplis en ce genre; & ſur tout que l'étenduë de ses principes nous abrege infiniment le chemin, sans qu'on soit obligé de descendre à mille détails ennüyeux & fatigans, qui se voient mesme beaucoup mieux, & d'une maniére plus noble, dans leurs principes, que dans eux-mesmes. C'est ce qui me fait esperer qu'une Langue, à laquelle on employoit avec chagrin des années entiéres, deviendra ainsi un divertissement de quelques heures, ou tout au plus de peü de jours.

I. *Quels sont les Principes sur lesquels il faut raisonner.*

LES Paroles n'estant autre chose dans l'idée de tous les hommes que des sons significatifs, elles se peuvent prendre ou comme des sons naturels, ou comme des signes arbitraires; je veux dire, ou comme le propre effet du mouvement de nos organes, ou comme une naïve representation des pensées de nostre esprit. Lors donc que les mots passent d'une Langue dans une autre, ils ne peuvent absolument s'alterer dans ce passage qu'en trois maniéres. Car enfin quelque alteration qui s'y fasse, elle se fera necessairement, ou dans les sons mesmes qui composent la parole, ou dans leur signification, ou dans les diverses modifications de l'un & de l'autre. C'eſt de ces trois regards differens, d'où naiſſent trois ſortes de Principes géneraux, ſur leſquels je fais roûller tout ce nouveau Syſteme de la Philoſophie des Langues.

AFIN d'y proceder avec plus d'art & de juſteſſe, j'examine dans la derniére exactitude les organes differens de la voix, les divers mouvemens des muſcles de ces organes, & les rapports admirables de ces mouvemens.

Je me ſers de ces connoiſſances, pour expliquer démonſtrativement le nombre précis de tous les ſons ſimples, qui peuvent entrer dans la compoſition des Langues; pour découvrir la nature & la prononciation propre de ces ſons; & montrer en ſuite leur affinité, les rapports des uns, la diſproportion des autres, leur convenance, & leur oppoſition, leur ſimpathie, & leur antipathie, en un mot toutes leurs combinaiſons & leurs mélanges, leurs diviſions, leurs diſtinctions, leurs ordres, & leurs degrez differens.

D'où je conclus enfin, que toutes les corruptions les plus ſurprenantes, qui ſe font dans les mots qu'une Langue emprunte d'une autre,

tre, en changeant, ou en transposant, en ajoustant, ou en retranchant, sont toutes fondées sur la Nature, qui ne fait jamais rien que dans une extrême justesse, lors mesme qu'elle nous semble agir avec le plus de négligence.

Nous pouvons étudier la Nature sur la Langue Latine mesme, qui nous doit servir de modelle aussi-bien que de principe. Elle nous apprendra premiérement, que les voyelles sont presque contées pour rien : car quoy-qu'il y en ait qui se changent plus facilement les unes dans les autres, selon qu'elles sont ou plus ouvertes, ou plus resserrées ; nous savons néanmoins par experience, qu'il n'y en a pas, qui ne puisse absolument se changer dans quelque autre que ce soit : soit que ce changement soit immediat, soit qu'il ne se fasse que par degrez.

Nous n'avons qu'à comparer ensemble les differens dérivez d'un mesme mot, pour en estre convaincus. Quel moyen, par exemple, de tirer *cepi*, *incipio*, & *occupo*, du verbe *capio*, si l'on ne suppose la verité de ce principe, comme l'ont toûjours supposée les Orientaux, qui forment la pluspart de leurs mots par le seul changement des voyelles ?

Il n'en va pas tout-à-fait de mesme des consones ; on ne doit pas y admettre indifferemment toutes sortes d'alterations : la seule affinité des organes, est ce qui doit regler presque tous leurs changemens ; les Lettres des lévres se changent assez facilement les unes dans les autres ; mais celles des dents, ou de la langue, auroient un peu de peine à se changer dans les Lettres des lévres, qui ne sont pas du mesme ordre qu'elles. Car comme les consones **M. B. P. V. F.** ne font presque qu'un mesme son, qui n'est modifié que par la diverse impetuosité de l'air qui ouvre differemment les lévres ; les lettres D. T. Z. S. doivent faire un ordre à part, ayant un rapport particulier à la pointe de la langue, qui n'a qu'à frapper les dents en diverses maniéres, pour les prononcer.

Ce n'est pas qu'il n'y faille penser plus d'une fois, avant que de décider absolument, que deux lettres n'ont ny ressemblance, ny proportion ; parce qu'il y en a quelques-unes, qui ayant un son meslé du mouvement de plusieurs organes, se peuvent changer differemment, selon leurs differens rapports : ainsi l'H n'a pas seulement rapport aux lettres du gozier, en qualité de gutturale ; mais elle en a aussi en qualité d'aspiration, & aux siffles de la langue, & aux ſix aſpirées, des lévres, des dents, & du palais.

Que ſi la précipitation, ou le bégayement de certains Peuples, a mis par hazard en uſage quelques autres maniéres d'alterer les ſons: comme elles ne ſont pas ſi-bien fondées ſur la raiſon; auſſi ne peuvent-elles pas rentrer dans la régularité de l'art, à moins qu'elles ne fuſſent établies par une analogie conſtante & réguliére.

DU ſon des mots, je paſſe à la ſignification, qui eſt pour parler ainſi, l'ame de la parole, comme le ſon en eſt le corps. Pour le faire d'une maniére, qui ſe ſente moins de cét air ſec & rampant, que l'on a ſujet de reprocher à la Grammaire; je ſuppoſe que les Paroles n'eſtant que les expreſſions de nos penſées, & nos penſées les images des objets: la difference des ſignifications que nous donnons aux paroles, dépend principalement des maniéres differentes dont chaque Nation conçoit les meſmes objets, ſelon ce qu'elle y trouve qui la frappe davantage.

Cela m'engage à expliquer toute la ſuite, & la dépendance naturelle de nos idées, &

la maniére dont elles ſe forment, que perſonne n'a encore bien développée. C'eſt par là que je feray connoiſtre, qui ſont les objets dont nous avons des idées propres, & combien il y en a peu; qui ſont ceux que nous ne concevons que par des images étrangéres, & ne nommons en ſuite qu'avec des termes figurez; d'où vient l'alliance & le rapport de nos idées; & pourquoy la pluſpart de nos paroles, ſi on les compare à leur premiére origine, ne ſont que des metaphores, qui nous repreſentent un objet par des termes qui ſont propres à un autre, avec lequel il a ou de la reſſemblance, ou au moins quelque affinité; qui ſont enfin les grands principes des Metaphores, ſoit d'attribution, ſoit de proportion, leſquelles font non ſeulement la beauté, mais compoſent preſque ſeules tout le corps des Langues.

En effet, les premiers Peuples, qui ne nommoient les choſes qu'avec ſageſſe, voulant donner des noms aux ouvrages de la Nature & de l'Art, eûrent égard principalement au rapport naturel qu'elles avoient, ou avec quelque autre choſe qui leur eſtoit plus connuë, & qui avoit déja un nom arreſté; ou avec quelqu'une de leurs propriétez prédominantes;

ou bien enfin, avec l'action principale, qui les diſtinguoit du reſte des eſtres.

Ils ſe ſervirent à peu prés du meſme artifice, pour impoſer des noms plus expreſſifs aux proprietez des choſes, ne les conſiderant preſque jamais que par rapport aux operations dont elles eſtoient les principes immediats.

Et pour ce qui eſt des operations meſmes, comme elles ne leur eſtoient pas également connuës, n'eſtant pas également ſenſibles; ils mirent la meſme ſubordination dans les termes dont ils ſe ſervirent pour les repreſenter, que la Nature a établie dans nos connoiſſances. C'eſt pourquoy, comme il n'y a rien au monde, dont ils pûſſent avoir une idée plus diſtincte que du mouvement des corps, qui eſt ſenſible à tous les ſens; il ne faut pas s'étonner, ſi regardant le mouvement local comme le premier & le principal objet de leur connoiſſance, ils ne nommerent en ſuite toutes les autres operations de chaque eſtre, qu'autant qu'elles avoient quelque affinité, ou avec le mouvement en géneral, ou avec ſes differentes eſpeces, ou avec quelqu'une de ſes dépendances, telles que ſont le lieu, la figure, la ſituation, l'extenſion, l'union, & la ſéparation; en un mot, tous les rapports, qui ſont fondez ſur le mouvement de quelque maniére que ce puiſſe eſtre.

Car ſi la Philoſophie nouvelle, qui étudie la Nature de plus prés, prétend bien expliquer les effets naturels, en les rapportant tous au ſeul mouvement de la matiére, comme à leur veritable cauſe; c'eſt avec bien plus de ſujet, que pour rendre raiſon de tout ce qui s'eſt paſſé juſques à preſent dans les Langues, on peut avoir recours aux termes, qui ſignifient le mouvement, puis qu'on ne peut pas douter que tous les autres ne s'y réduiſent, comme au premier principe de leur ſignification.

Auſſi le mouvement a-t-il bien plus d'étenduë dans les Langues, que dans la Nature: car nous y rapportons les idées meſmes les plus ſpirituelles, je veux dire, celles que nous formons des operations de noſtre eſprit, & des mouvemens de noſtre volonté. Ainſi, quand nous diſons que l'eſprit, ou l'entendement s'applique à penſer, à concevoir, à diſcourir, à expliquer, à débroüiller, à démeſler les matiéres, à découvrir la verité; quand nous parlons du trouble, des averſions, de l'agitation, & de la conſternation de la volonté; pour expliquer les actions du monde les plus ſpirituelles, nous nous ſervons d'images, qui ſont en effet corporelles dans leur premiére origine, quoy-qu'elles ayent la pluſpart perdu leur ſignification propre, pour en prendre une autre purement figurée.

C'eſt par ces principes, que je réduis à des raiſons naturelles, toutes les maniéres imaginables, dont les mots alterent leur premiére ſignification, pour en recevoir une autre, ou plus étenduë, ou plus reſſerrée, ou tant ſoit peu diverſifiée, c'eſt-à-dire, ou proportionelle, ou approchante. Car il eſt bien difficile que les mots paſſent d'un païs à l'autre, ſans qu'il leur arrive la meſme choſe qu'à ces plantes étrangeres, qu'on ne peut preſque tranſplanter dans un nouveau ſol, qu'elles ne dégenerent, en perdant quelque choſe de leur vertu, ou meſme qu'elles n'en acquerent quelquefois une nouvelle.

MAIS comme tous les Peuples ont eû d'abord cette veûë génerale, d'expliquer ce qu'ils penſent avec le moins d'embaras qu'il eſt poſſible ; de-là vient que, pour renfermer un grand ſens en peu de mots, ils n'ont preſque pas de paroles, qui marquent préciſément les idées ſimples de l'eſprit détachées de tous leurs rapports. Les paroles les plus ſimples en elles-meſmes, ſont le plus ſouvent compoſées, pour ce qui eſt de la ſignification ; & il n'y a pas meſme de mot un peu conſiderable, qu'on n'ait diverſifié dans chaque Langue par mille modifications differentes.

C'eſt de là que nous ſont venuës toutes ces maniéres d'inflexion, de dérivation, de compoſition, qui renferment la plus fine dialectique ; toutes ces eſpeces & ces formes de noms, de verbes, & de particules, qui font toute l'œconomie d'une Langue ; toute cette diverſité de nombres, de genres, de cas, de temps, de modes, & de perſonnes, qui a bien plus d'artifice qu'on ne ſe l'imagine d'abord : Car l'uſage de tous les Peuples n'a pas autoriſé ſeulement ces inventions, pour varier la cadence des mots ; mais pour exprimer avec une admirable facilité, tous les biais dont l'idée du meſme objet ſe peut preſenter à la penſée, ſelon qu'on y meſle les rapports qu'il peut avoir à ſes effets, ou à ſes cauſes, aux divers eſtats dans leſquels il ſubſiſte, aux differences du temps & du lieu, & à toutes les circonſtances qui le peuvent accompagner, ſoit dans noſtre eſprit, ſoit hors de noſtre eſprit.

Comme c'eſt dans toutes ces modifications que conſiſtent principalement les differences les plus ſenſibles des Langues ; auſſi un des plus grands ſecrets de ce nouvel Art, eſt d'apprendre à démeſler nettement, & dans nos idées, & dans les mots qui les repreſentent, ce qu'il y a de principal & d'eſſentiel, d'avec ce qui n'y eſt purement qu'acceſſoire ; de diſtinguer ſubtilement les premiéres idées d'avec les ſecondes, les ſecondes d'avec les troiſiémes, les ſimples d'avec les compoſées ; la ſignification primitive & originale, d'avec ſes dépendances, ſes rapports, ſes modifications, & ſes reſtrictions diverſes ; en un mot, de ne pas confondre, ſi j'oſe ainſi parler, l'habit avec la perſonne.

Car enfin ces modifications ſont proprement aux paroles, ce que les habits ſont à l'homme. Cét habit nouveau qu'on donne aux mots étrangers, pour les habiller à la mode du païs, les défigure ſi fort la pluſpart du temps, & les rend ſi méconnoiſſables, qu'ils impoſent à nos eſprits, auſſi-bien qu'à nos oreilles, & ſe font paſſer pour naturels & originaires du païs, quoy-qu'ils viennent en effet du païs de nos voiſins, & quelquefois meſme d'outre-mer.

Il n'y a donc, pour juger ſainement de leur origine, qu'à les conſiderer tout nuds, & entiérement dépoüillez des ornemens qui les déguiſent ; & pour le faire avec plus de ſeûreté, de les ſuivre pas à pas dans leurs voyages, & d'épier les détours differens qu'ils ont pris, & les habits dont ils ont changé, pour venir ſi déguiſez juſques à nous.

II. *Quelle doit eſtre l'application de ces Principes.*

CE ſont-là les principes les plus étendus, & les moyens les plus infaillibles, par leſquels je découvre cét accord ſecret & myſterieux des Langues, qui ſans doute paroiſtra d'autant plus admirable, qu'on n'a guéres crû juſques à cette heure, qu'elles euſſent tant de liaiſon. Mais comme l'application de ces principes ſe peut faire en bien des maniéres ; depeur que l'eſprit ne demeure indéterminé ſur ce point, je fais voir par le détail l'application qui s'en doit faire à chaque Langue en particulier, conformément à ſon génie, & à ſon propre caractére.

C'eſt ce qui m'oblige de faire une exacte recherche du different naturel des Langues que je prétends réduire. Je ne me contente pas de le tirer infailliblement, ſoit du conſentement géneral des Peuples, qui ſe trompent aſſez peu dans l'idée qu'ils ont de la Langue de chaque Nation, auſſi-bien que de ſes mœurs : ſoit du ſentiment particulier des Perſonnes ſavantes, qui ſans préoccupation d'eſprit ont étudié leur Langue naturelle avec plus de ſoin. Mais, pour joindre l'évidence à la certitude, je l'éxamine principalement ſur l'Hiſtoire meſme de la Langue, qui eſt la regle la plus juſte que nous puiſſions ſuivre ſur ce ſujet. Il a fallu pour cela étudier à fonds l'origine de chaque Peuple, ſur d'autres memoires que ceux que nous ont fourni la pluſpart des Critiques, & examiner ſerieuſement le commerce continuel qu'il a eû avec les Nations voiſines les plus conſiderables ; les guerres, les differends & les alliances de ſes Souverains avec les autres Princes ; les irruptions & les courſes des Nations conquerantes, qui en ont corrompu la Langue, à meſure qu'elles en ont ravagé le païs ; les Colonies frequentes que les vainqueurs y ont envoyées ; enfin ſes voyages d'outre-mer, & ſon trafic avec les Peuples les plus éloignez : Car ce ſont-là les cauſes les plus immediates du mélange & de la corruption des Langues.

On prendra peut-eſtre plaiſir à voir démeſler le fond de chaque Langue, d'avec ce que la ſuite des temps, & les révolutions de l'Eſtat y ont ou changé, ou ajouſté ; ce que chaque peuple a contribué du ſien pour l'enrichir ; ce que la Religion, le gouvernement, & le commerce des Sciences luy ont communiqué ; ce qu'elle garde des reſtes de ſon antiquité, & les nouvelles acquiſitions qu'elle a faites, pour remplacer ſes pertes avec plus d'avantage.

APRÉS tout, ce n'eſt encore-là que le ſquelete, ou tout au plus que le corps d'une Langue. Il faut que cét amas & ce mélange informe de tant de ſortes d'idiomes, ſoit animé par un eſprit ſecret, qui ſe répande dans tous ces membres ſi divers, pour les réduire à l'unité, en leur communiquant le meſme air ; & que cét eſprit ſoit le principe individuel de tous les effets & de tous les changemens ſenſibles, qui nous font aiſément diſtinguer une Langue d'avec une autre.

Le temperament, l'humeur, & le naturel des Peuples, les diſpoſitions de leur eſprit, leur génie, & leurs gouſts particuliers, leurs inclinations les plus génerales & les plus fortes, leurs passions ordinaires, & ces qualitez singuliéres, par lesquelles un Peuple se distingue & se fait remarquer entre les autres, sont les marques les plus évidentes, pour découvrir le veritable génie d'une Langue, puis qu'elles en sont en effet les causes les plus immediates. Ce sont aussi les premiers originaux, d'aprés lesquels j'ay copié tous les traits qui m'ont servi pour en faire un portrait naïf & ressemblant, & qui tient, ce me semble, assez du naturel.

Outre cela, les mœurs des mesmes peuples, leurs coustumes, leurs loix, leur police, & toutes leurs maniéres, soit dans la paix, soit dans la guerre, sont des effets si universellement connus, qu'il n'en faut point chercher d'autres, pour juger par proportion du génie & du caractére des Langues aussi seûrement que de celuy des peuples qui les parlent.

Mais comme le soin qu'une Nation a de cultiver les Sciences, les Arts, & les belles Lettres, est ce qui contribuë le plus à la perfection de sa Langue; c'est principalement sur la maniére dont elle s'y est prise, & sur le caractére de ses Auteurs, que j'appuie davantage, pour décider ſi elle eſt modeſte ou faſtueuſe; ſi elle tient plus de la moleſſe, de la douceur, & de la délicateſſe, que d'un certain air noble, fier, & génereux; ſi elle s'attache plus à la ſimplicité de la Nature, qu'aux rafinemens, & aux ſubtilitez de l'Art; ſi elle eſt polie juſques à l'affectation; ou ſi au contraire elle affecte une certaine négligence, qui a ſa grace, auſſi-bien que ſes regles & ſon art; enfin, ſi elle n'eſt point un peu geſnée, pour vouloir eſtre trop éxacte, ou ſi elle s'accommode mieux d'un air libre & cavalier.

AYANT découvert ce génie & ce caractére propre de chaque Langue, j'en forme l'idée la plus parfaite que je m'en puiſſe former, ſuivant la maniére & les principes des Platoniciens, dont la methode m'a toûjours autant plû, que leur doctrine me déplaiſt. Cette idée bien développée me ſert dans la ſuite d'une regle generale, pour établir les raiſons propres & veritables de tout ce qui ſe paſſe dans le détail de chaque Langue, de plus ſingulier & de plus remarquable; ſoit pour le choix, le mélange, & l'union des ſons; ſoit pour la force & la ſignification des mots ; ſoit pour l'air & la maniére de s'exprimer.

Car il eſt tres-vray, que toutes ces choſes changent ſelon le génie des Peuples. Ainſi, comme les Eſpagnols ſe veulent diſtinguer des autres Nations, par leur faſte, & par leur gravité affectée ; leurs mots ſe font auſſitoſt reconnoiſtre à un certain air pompeux, qui ſent ſa grandeur & ſa majeſté.

Au contraire, comme les Italiens ſont la nation du monde, qui aime le plus ſon plaiſir ; il eſt naturel, que cette moleſſe ſe communique à leur Langue ; & que toutes leurs paroles ne reſpirent que la douceur, la politeſſe, & la mignardiſe. Il ne faut pas qu'elles ſoient compoſées d'autres ſons, que de ceux qui peuvent flatter l'oreille ; ils ne peuvent ſouffrir tous les concours de conſones, dont la rudeſſe peut tant ſoit peu fatiguer l'organe ; mais ils aiment extrêmement les voyelles, & les font tres-ſouvent s'entre-ſuivre, afin de former une prononciation plus douce & plus délicate.

Pour ce qui regarde la ſignification des paroles, afin d'y meſler l'agrément avec l'énergie, ils n'en ont preſque pas qui n'ayent quelque choſe de figuré, ſe perſuadant que la Metaphore represente les objets à l'esprit d'une maniére plus fine, & plus divertissante; & mesme ils ont soin de ne choisir que celles qui peuvent produire de belles images.

Ils ne se sont pas moins étudiez à diversifier les mots par des modifications agréables; leur infléxion n'a rien de gesnant; tout y est également facile & gay. Les diminutifs sont fort à leur goust, parce qu'ils ont quelque chose de plus mignon. Ils sont riches en dérivez & en composez; non-seulement parce que la prononciation en est plus harmonieuse, mais aussi parce qu'ils expriment les choses d'une maniére plus naïve. En un mot, ils ostent tout ce qui peut donner de la peine, & recherchent passionnément tout ce qui peut contribuer à la douceur d'une Langue.

Je raisonne à-peu-prés de la mesme maniére sur les Langues des autres Peuples. Mais parce que le raisonnement seul peut estre suspect à quelques personnes, sur tout quand il paroist trop juste & trop plausible; j'ay eû soin pour cela d'y mesnager si-bien les exemples, que sans séparer l'induction du raisonnement, l'expérience & l'usage soûtiennent la raison, & la raison confirme l'expérience:

Et

Et mesme les exemples sont si naturellement enchaînez avec leurs principes, & tellement distribuez chacun dans la place qui luy est propre, que sans qu'on y fasse presque réflexion, j'épuise imperceptiblement tous les mots essentiels & fondamentaux de chaque Langue; ayant voulu moy-mesme tirer toutes les conclusions des Principes, & faire toutes les inductions necessaires; sans rien laisser au travail & à l'adresse du Lecteur, qui souffre aisément dans ces sortes d'occasions, qu'on se défie en quelque maniére de son esprit, pourveû qu'on le delivre entiérement de peine.

J'espere qu'un mélange aussi diversifié que celuy-cy, d'histoire, de réflexions, & de critique, soustenu de principes, de raisonnemens, & d'exemples, pourra donner quelque sorte d'agrément à mon ouvrage, en égayant une matiére qui est assez seche & assez épineuse d'elle-mesme, sans la rendre plus desagréable, par cette maniére basse & rampante, qui a si fort décrié les critiques, & qui dégoûte ordinairement d'une Science, devant mesme qu'on ait commencé à s'y appliquer.

Aussi, cét air didactique est-il le moins propre de tous, pour enseigner agréablement: Car comme on ne prend pas plaisir à se voir

Ecolier, l'unique adresse est, de faire en sorte qu'on puisse apprendre les choses, sans s'appercevoir qu'on ait un Maistre.

CONCLVSION.

VOILA l'idée grossiére & génerale de tout mon dessein, tracée en aussi peu de mots, que la briéveté d'un projet me la pû permettre.

Toute raisonnable qu'elle est, elle ne laisse pas d'avoir de grands adversaires, dont les uns soûtiennent avec chaleur, que si cette maniére d'apprendre les Langues, a quelque chose de curieux pour la speculation, elle est d'ailleurs assez inutile pour la pratique; puis que l'usage seul est, disent-ils, le grand maistre des Langues, & qu'il s'en faut entiérement rapporter à la memoire, & à l'assiduité d'un travail constant & opiniastre.

Les autres avoûënt de bonne foy son utilité, mais ils doutent fort de la possibilité de son exécution; ne croyant pas que les Langues ayent véritablement tant de rapport, que je suppose qu'elles en ont; ou se persuadant au moins, qu'il est presque impossible à l'esprit humain de le trouver maintenant, quand mesme elles en auroient eû d'abord.

POUR répondre aux premiers, j'avoüë qu'un de mes étonnemens est, que des personnes si spirituelles se déclarent si hautement contre l'esprit, en faveur de la memoire. Je respecte infiniment leur merite; mais aprés tout, je ne puis me rendre à leur sentiment.

L'unique moyen, ce me semble, d'apprendre les Langues, & de les apprendre en aussi grand nombre qu'on voudra, de le faire aisément, sans ennuy, sans confusion, sans embaras, sans perte de temps, sans se mettre dans le danger ordinaire de les oublier avec autant de facilité qu'on les apprend avec peine; & qui plus est, de les posseder toutes d'une maniére qui n'ait rien de bas, & qui soit digne d'une personne raisonnable; c'est en un mot de donner plus à l'esprit, & à la réflexion, qu'à la memoire. Car enfin, si la memoire n'est soûtenuë des réflexions de l'esprit, elle ne peut pas nous conduire bien loin toute seule.

Quelque heureuse qu'elle soit, elle sera toûjours lente, bornée, confuse, & infidelle. Son action n'eſt pas aſſez vive, pour nous tirer de ces longueurs fatigantes, qui dégoûtent des plus belles entrepriſes; & ſes efforts ſont trop languiſſans & trop foibles, pour exécuter en peu de temps, un deſſein d'auſſi grande haleine que celuy-cy.

Eſtant auſſi bornée qu'elle eſt, il n'eſt pas poſſible qu'elle renferme cette multitude innombrable de Langues ſi éloignées en apparence les unes des autres. Que ſi quelquefois elle fait un effort extraordinaire, ſes eſpeces ſe confondent bien-toſt par la multitude ſeule; & quand meſme elles y ſeroient rangées dans le plus bel ordre du monde, au-moins n'y pourroient-elles pas ſubſiſter long-temps, ſans, ou s'effacer par celles qui ſurviennent, ou s'échapper d'elles-meſmes, n'y ayant rien qui les fixe, & qui les arreſte.

De-ſorte que les Langues eſtant d'une ſi vaſte étenduë, on ne peut pas s'en fier uniquement à la memoire, ſans vouloir ſacrifier à la ſeule ſcience des mots, un temps infini; qui nous eſtant auſſi précieux qu'il le doit eſtre, ſe peut employer avec plus de ſageſſe, & de ſuccés, ou à la connoiſſance des choſes, ou au manîment des affaires.

POUR satisfaire les seconds, je n'ay rien autre chose à leur dire maintenant, sinon, que si ce dessein leur paroist d'abord, ou chimerique, ou temeraire, l'exécution en justifiera bien-tost l'entreprise, & les convaincra peut-estre, qu'il n'est pas toûjours à propos de décider d'un ton si affirmatif, sur des matiéres qu'on n'a pas fort approfondies; & qu'il ne faut pas aisément desesperer de rien, qu'on ne soit seûr d'avoir tenté toutes les voyes imaginables.

AU reste, comme je ne crois pas m'estre trompé dans ce qui sera le gros & le fond de mon ouvrage, je ne prétends pas aussi, que tout ce que j'avanceray dans le détail sur la connexion des Langues, soit toûjours receû, comme des véritez incontestables, dont je sois moy-mesme fort convaincu. Je suis trop instruit sur la nature de la verité, pour me croire assez heureux, que de l'avoir toûjours découverte dans la matiére du monde la plus douteuse, & la plus embroüillée qui fut jamais. J'avoûë mesme, que quelque respect qu'on doive à la verité, je l'ay néanmoins abandonnée de sens-froid, en quelques endroits, où elle ne me paroiſſoit pas donner aſſez dans le ſens ordinaire des hommes; me perſuadant qu'une conjecture bien imaginée, & débitée d'un air plauſible, eſt plus au gouſt des perſonnes d'eſprit, qu'une verité fade & badine, comme il s'en trouve une infité dans le ſujet que je traite.

Je propoſe donc aux Savans, ce nouveau Syſteme des Langues, non pas comme une theſe inconteſtable dans toutes ſes parties; mais ſeulement comme une hypotheſe, qui n'eſt pas tout-à-fait déraiſonnable; & qui d'ailleurs a cét avantage particulier, que quand elle ſeroit la plus fauſſe du monde dans la ſpeculation, au moins peut-elle eſtre de miſe dans la pratique. Ainſi, j'eſpere qu'on me fera bien la meſme grace, que font à Copernic les perſonnes les plus déclarées contre ſon hypotheſe, qui ſont obligées d'avoüer, que toute fauſſe qu'elle eſt, c'eſt néanmoins une des plus commodes pour l'uſage, & pour les ſupputations de l'Aſtronomie.

FIN.

Extrait du Privilege du Roy.

PAR Lettres Patentes du Roy, données à Saint Germain en Laye le 5. Février 1674. ſignées D'ALANCÉ, & ſcellées du grand Sceau de cire jaune, il eſt permis à SEBASTIEN MABRE-CRAMOISY, d'imprimer un Diſcours intitulé, *La Réünion des Langues, ou l'Art de les apprendre toutes par une ſeule*, en telle forme, & en tel caractere qu'il voudra, durant dix années conſecutives, à compter du jour que ledit Diſcours ſera achevé d'imprimer: Avec défenſes à toutes autres perſonnes d'imprimer, ou faire imprimer ledit Livre, ſous les peines portées par leſdites Lettres.

Regiſtré ſur le Livre de la Communauté des Imprimeurs & Libraires de Paris, le 23. Février 1674. Signé, D. THIERRY, Syndic.

www.ingramcontent.com/pod-product-compliance
Lightning Source LLC
LaVergne TN
LVHW010056230826
846091LV00005B/1964

* 9 7 8 2 0 1 4 0 8 7 2 1 5 *